Ingeborg Obe[r]

# Unter den Strahle[n]

Impulse für die stille[...]

Mediatrix Verlag

*Im hl. Sakrament der Eucharistie ist „wahrhaft, wirklich und substanzhaft der Leib und das Blut zusammen mit der Seele und Gottheit unseres Herrn Jesus Christus und daher der ganze Christus enthalten."*

(Konzil von Trient, DS 1651)

4. Erweiterte und bebilderte Neuauflage 2014
© Mediatrix-Verlag
A-3423 St. Andrä-Wördern, Goriette 5
E-Mail: verlag@mediatrix.at
© Bilder: Horst Obereder

Alle Rechte, auch die des Teilabdrucks und der Übersetzung, vorbehalten.

Layout: dip3 Bildungsservice GmbH, A-4073 Wilhering, office@dip3.at
Herstellung und Druck: agensketterl Druckerei GmbH

ISBN 978 3 85406 192 2

Direktverkauf:
Mediatrix-Buchhandlung,
A-1010 Wien, Seilerstätte 16
D-84503 Altötting, Kapuzinerstraße 7, unweit der Gnadenkapelle

# Inhalt

Einführung .................................................................................... 5
Zur erweiterten Neuauflage ............................................................ 6
1. Das Wichtigste ist die Wandlung! .............................................. 8
2. „Er ist da!" ................................................................................ 10
3. „Er schaut mich an, und ich schaue Ihn an" ............................ 12
4. „Jesus ist eigens für dich da, für dich allein" ........................... 14
5. Du bist unendlich wertvoll, weil Jesus dich
   unendlich liebt ......................................................................... 16
6. Setze deine Seele der Sonne aus, auch in der Stille
   und Dürre des Glaubens! ........................................................ 18
7. Ein Gedächtnis des Leidens des Herrn .................................. 22
8. Ein Gedächtnis der Auferstehung des Herrn .......................... 24
9. „Jesus, ich vertraue auf Dich!" ................................................ 27
10. „Ich bitte Dich um Verzeihung" ................................................ 30
11. „Schenke Deiner Kirche die Einheit und den Frieden!" ........... 32
12. „Nur mit Ihm verstand ich zu reden" ........................................ 34
13. „Mein Gott, Du weißt, dass ich Dich liebe" .............................. 36
14. Betrachte das Wort Gottes! ..................................................... 39
15. „Siehe, deine Mutter!" .............................................................. 41
16. „Mitten unter euch steht der, den ihr nicht kennt" ................... 43
17. „Und wäre ich mutterseelenallein auf dieser
    Welt gewesen" ......................................................................... 46
18. „Wenn ihr Meine Gebote haltet, werdet ihr in
    Meiner Liebe bleiben" .............................................................. 48
19. „Mich dürstet!" .......................................................................... 50
20. „Ziehe mich an Dich!" .............................................................. 52
21. „Wie schön bist Du!" ................................................................ 55
22. „Ich begann, ganz persönlich mit Gott zu sprechen" ............... 57
23. Ein Licht der Liebe entzünden ................................................. 59
24. Bei der Krippe .......................................................................... 61
25. Die Menschheit Christi verehren .............................................. 64
Eucharistischer Hymnus ................................................................. 67
Litanei vom Allerheiligsten Sakrament ........................................... 68
Schlusswort .................................................................................... 70
Empfehlenswerte Bücher ................................................................ 71

„*Die Kirche und die Welt
haben die Verehrung
der Eucharistie sehr nötig.
In diesem Sakrament der Liebe
wartet Jesus selbst auf uns.
Keine Zeit sei uns dafür zu schade
um Ihm dort zu begegnen...
Unsere Anbetung sollte
nie aufhören.*"

(Johannes Paul II., Brief „Dominicae cenae")

# Einführung

Liebe Schwester, lieber Bruder im Herrn!

Es ist die Sehnsucht nach Jesus, die dich zur eucharistischen Anbetung führt. Du möchtest Ihm begegnen, Ihm danken, deine Anliegen vor Ihn bringen... Vielleicht hast du Kummer, Zweifel, Ängste, die dich belasten. Oder du möchtest die Schuld und das Unrecht der Welt in den Ozean Seiner Liebe werfen.

In den letzten Jahren ist eine Neubelebung der Anbetung in vielen Pfarreien und Gemeinschaften zu beobachten. Es ist eine Gabe des Heiligen Geistes, dass sich so viele – und es werden immer mehr – wieder neu für die eucharistische Anbetung öffnen. Möge diese kleine Schrift eine Hilfe dafür sein, wie man die kostbare Zeit vor Jesus im Allerheiligsten Sakrament verbringen kann. Gedanken von Heiligen und Erfahrungen von Menschen unserer Tage, bunt zusammengewürfelt, sind der Schatz und der Hintergrund, auf den ich zurückgreife. Mögen sie unsere Liebe zum Allerheiligsten Sakrament vertiefen, so dass wir mit Überzeugung sagen können: „Keine Zeit ist mir zu schade, um Jesus im Allerheiligsten Sakrament zu begegnen!"

Am Fronleichnamsfest 1998

Mag. Ingeborg Obereder

## Zur erweiterten Neuauflage

Nach zehn Jahren hat diese Schrift nichts von ihrer Aktualität verloren. Im Gegenteil! Papst Benedikt XVI. hat bei seinem Besuch in Altötting ein bedeutendes Zeichen gesetzt. Nach der Eucharistiefeier weihte er am 11. September 2006 in der ehemaligen Schatzkammer eine neue Anbetungskapelle ein. Am selben Tag nahm er bei der Predigt in der Basilika der Hl. Anna darauf Bezug und sagte:

*„Eine wesentliche Weise des Mitseins mit dem Herrn ist die eucharistische Anbetung. Altötting hat dank Bischof Schraml eine neue Schatzkammer erhalten. Wo einst die Schätze der Vergangenheit, Kostbarkeiten der Geschichte und der Frömmigkeit aufbewahrt wurden, ist jetzt der Ort für den eigentlichen Schatz der Kirche: die ständige Gegenwart des Herrn in Seinem Sakrament. Der Herr erzählt uns in einem Seiner Gleichnisse von dem im Acker verborgenen Schatz. Wer ihn gefunden hat, so sagt Er uns, verkauft alles, um den Acker erwerben zu können, weil der versteckte Schatz alle anderen Werte übertrifft. Der verborgene Schatz, das Gut über alle Güter, ist das Reich Gottes – ist Er selbst, das Reich in Person. In der heiligen Hostie ist Er da, der wahre Schatz, für uns immer zugänglich. Im Anbeten dieser Seiner Gegenwart lernen wir erst, Ihn recht zu empfangen – lernen wir das Kommunizieren, lernen wir die Feier der Eucharistie von innen her. Ich darf dazu ein schönes Wort von Edith Stein, der heiligen Mitpatronin Europas, zitieren, die in einem Brief geschrieben hat: „Der Herr ist im Tabernakel gegenwärtig mit Gottheit und Menschheit. Er ist da, nicht Seinetwegen, son-*

*dern unseretwegen: weil es Seine Freude ist, bei den Menschen zu sein. Und weil Er weiß, dass wir, wie wir nun einmal sind, Seine persönliche Nähe brauchen. Die Konsequenz ist für jeden natürlich Denkenden und Fühlenden, dass er sich hingezogen fühlt und dort ist, sooft und solange er darf" (Gesammelte Werke VII, 136f). Lieben wir es, beim Herrn zu sein. Da können wir alles mit Ihm bereden: unsere Fragen, unsere Sorgen, unsere Ängste, unsere Freuden, unsere Dankbarkeit, unsere Enttäuschungen, unsere Bitten und Hoffnungen".*

Eine Besonderheit sei am Rande angemerkt: In der neuen Anbetungskapelle steht die Monstranz auf den Resten der alten Mariensäule von München (Foto auf der Rückseite des Büchleins). Dies ist ein anschauliches Bild für die echte Marienfrömmigkeit. Wir gehen zu Maria, die Jesus trägt. Sie aber zeigt uns ihren Sohn, damit wir Ihn anbeten.

Am 25. März 2009

Mag. Ingeborg Obereder

## 1. Das Wichtigste ist die Wandlung!

Ein Pfarrer fragte einmal seine Gemeinde: „Was ist das Wichtigste bei der Messe?"

„Die Wandlung!" lautete die Antwort der Gläubigen.

„Also, dann wandelt euch!" setzte der Pfarrer den Dialog mit seinen Messbesuchern fort. „Denn euer Leben soll eine gelebte Messe sein." „Nein! Alles soll beim Alten bleiben!" beschlossen die Gemeindemitglieder.

- Sicher bist du nicht aus dieser Gemeinde! Du bist in die Anbetung gekommen, damit Wandlung geschieht!
- Die Anbetung soll dich verwandeln, und sie wird dich verwandeln!
- Bei der Anbetung musst du nichts leisten!

Es gibt keine „verlorene" Zeit während deiner Anbetungszeit! Es geht nicht um Erwerb von Wissen, um die Erledigung eines Programms; nicht darum, bestimmte Gebete zu verrichten, besonders weise Gedanken und Erleuchtungen zu haben, sondern um ein Verweilen beim Herrn, um ein Verkosten Seiner Liebe.

Du kannst ganz ungezwungen sein.

*Sei einfach vor Ihm wie du bist!*

- Er will gar keine „Leistung", sondern nur deine Liebe.
- Er will nicht etwas von dir, sondern dich!
- Du als Person bist Ihm wichtig! Unendlich wichtig!
- Er will deine Gegenwart, deine Zeit. – Sonst nichts!
- „Herr, ich schenke Dir meine Zeit, schenke Du mir die Ewigkeit!"

*Bleibe einfach in Seiner Gegenwart!*
*So kann Er dich verwandeln!*

## 2. „Er ist da!"

Der hl. Pfarrer von Ars war kein Gelehrter, kein Ordensgründer, kein Intellektueller – und doch der einzige heilige Pfarrer!

Seine Predigten waren stets sehr einfach. Doch alle waren ergriffen von seinen Worten, weil seine Zuhörer wussten: Er lebt, was er sagt.

Es ist überliefert, dass er hin und wieder seine Predigt auf der Kanzel unterbrach und sich dem Tabernakel zuwandte. Ergriffen von der Gegenwart des Herrn im Tabernakel, konnte er keine anderen Worte sagen als:

*„Er ist da! – Er ist da!"*

Welch wunderbares Gebet ist das: „Er ist da!"

- Mache dir die Gegenwart des Herrn bewusst!
- Wiederhole immer wieder: „Jesus, Du bist da!"
- Der Glaube in der Tiefe unseres Herzens wächst durch die Wiederholung.

In zahlreichen Zeugnissen von Heiligen lesen wir ähnliche Formulierungen wie: *„Unaufhörlich wiederholte ich..."*

Der hl. Pfarrer von Ars sagte zu seinen Pfarrkindern: *„Wenn man verkündete, ein Toter im Dorf ist auferstanden, so eilten alle hin! Alle würden dieses Wunder sehen wollen. Die Gegenwart des Herrn im Allerheiligsten Sakrament aber ist ein viel größeres Wunder."*

- Du kannst also deine Zeit vor dem Allerheiligsten Sakrament mit viel Gewinn damit zubringen, indem du dir immer wieder die reale, also wahrhaftige Gegenwart Jesu bewusst machst.

- Dein Kreuzzeichen, deine Kniebeugen, deine ganze äußere Haltung wird von dieser Gegenwart Gottes geprägt werden.
- Du schenkst sicherlich einem hohen Gast uneingeschränkt deine Aufmerksamkeit. Wie viel mehr gebührt Jesus, dem Herrn, deine ganze Aufmerksamkeit, deine ganze Liebe!

# 3. „Er schaut mich an, und ich schaue Ihn an"

Dem hl. Pfarrer von Ars war ein Bauer aufgefallen, der immer wieder für lange Zeit in der Kirche weilte. Eines Tages fragte der Pfarrer diesen Bauern, was er so lange in der Kirche mache. Da antwortete dieser mit dem berühmt gewordenen Satz:

*„Er schaut mich an,
und ich schaue Ihn an."*

Wenn du vor dem Allerheiligsten Sakrament verweilst, so richtet sich der liebende Blick Jesu ganz auf dich!

- Der Blick Jesu ist unendlich liebevoll!
- Sein Blick ist heilend, heilend für alles, was dich bedrückt, worunter du leidest.
- Er verurteilt dich nie!
- Jesus schaut nie von oben herab.
- Er möchte dich heil machen in den tiefsten Wurzeln deiner Seele.

Aus dieser Überzeugung heraus sagt die hl. Therese von Lisieux: *„Ich will mich Jesu Liebesblick aussetzen und Ihn in meiner Seele wirken lassen."*

- Er schaut dich an! In Liebe bei Ihm verweilen, das ist alles, was du tun musst.
- Lass dich von Ihm lieben!
- Lass Seinen Blick der Liebe auf dir ruhen! So wird Er dich heilen und nach Seinem Bilde formen.

Das Bild vom Anschauen verwendet auch die hl. Teresa von Avila. Sie sagt zu ihren Schwestern:

*„Nicht bitte ich euch,*
*dass ihr über Ihn nachsinnt,*
*dass ihr große, feinsinnige Erwägungen*
*anstellt. Ich will nicht mehr,*
*als dass ihr Ihn anschaut."*

Es ist eine wunderbare Antwort auf die Liebe Jesu, wenn du dich einfach Seinem Blick der Liebe aussetzt. Aber wenn du unter Seinem Blick zur Ruhe gekommen bist, willst du vielleicht einen neuen Schritt setzen: Du willst auf Seinen Blick der Liebe mit deinem Blick der Liebe antworten.

*„Lebe freudig:*
*Unser Herr*
*schaut dich an,*
*und zwar mit Liebe*
*und umso zärtlicher,*
*je schwächer du bist."*

(Hl. Franz von Sales)

# 4. „Jesus ist eigens für dich da, für dich allein"

Eine junge Frau aus Indien, die zur selben Zeit in Schweden weilte, als Mutter Teresa der Nobelpreis überreicht wurde, hatte Gelegenheit, unmittelbar vor diesem feierlichen, im Fernsehen übertragenen Akt mit ihr zu sprechen. Sie berichtete über diese Begegnung: „Ich hatte den Eindruck, dass es während der Zeit, als Mutter Teresa mit mir sprach, für sie nichts Wichtigeres gab als mich. Es schien, als hätte sie völlig vergessen, dass sie eigentlich wegen des Nobelpreises hier war. Ich hätte wegen der ungeteilten Aufmerksamkeit und Liebe, die sie mir entgegenbrachte, glauben können, sie wäre meinetwegen nach Schweden gekommen!"

Mutter Teresa war eine großartige Frau, sie war eine Heilige. Doch ungeachtet ihrer Größe, blieb sie ein begrenzter Mensch.

Wenn aber schon ein Mensch dir ungeteilte Aufmerksamkeit schenken kann, wie viel mehr Jesus!

- Wenn du vor Jesus im Allerheiligsten Sakrament kniest, gilt Seine ungeteilte Aufmerksamkeit und Liebe dir allein!
- Er ist so für dich da, als ob du der einzige Mensch im Weltall wärest.
- Er ist dir total zugewandt!

Von der hl. Therese von Lisieux stammt folgendes Bild:

*„Wie die Sonne zugleich die Zeder bescheint und jede kleine Blume, als wäre nur sie auf der Erde, so befasst sich*

*unser Herr mit jeder einzelnen Seele so besonders, als ob sie ihresgleichen nicht hätte."*

Jesus im Allerheiligsten Sakrament ist so für dich da, als ob es sonst niemanden gäbe auf dieser Welt. Von dieser Wahrheit überzeugt, schreibt die hl. Therese von Lisieux an ihre Kusine:

*„Meine Liebe,
denk doch daran,
dass Jesus im Tabernakel
eigens für dich da ist,
für dich allein."*

- Ja, denke daran, dass Jesus eigens für dich da ist, für dich allein!
- Koste diese beglückende Wahrheit aus!
- Verweile in der Gegenwart des Herrn mit dieser Gewissheit: Er ist eigens für dich da, für dich allein!

## 5. Du bist unendlich wertvoll, weil Jesus dich unendlich liebt

Die fünfzehnjährige Nichte von König Baudouin hat nach dessen Tod einen Brief an ihren heiligmäßigen Onkel geschrieben. Hieraus einige Zeilen:

„Warum möchte ich dir so sehr gleichen? Weil du alles getan hast, damit die Menschen sich ernst nehmen konnten. Weil selbst der Geringste sich in deiner Nähe als der Größte empfand, der Ärmste als der Reichste und der Hässlichste zum Schönsten wurde."

Jeder fühlt sich in der Gegenwart eines Menschen wohl, wenn er sich von diesem angenommen weiß. Die Wertschätzung des anderen wirkt wie ein Gesundbrunnen für die Seele.

Jesus, der Herr, demütig verborgen in der Hostie, nimmt sich voll Liebe und Wertschätzung selbst des Geringsten an. Mehr als der liebevollste und demütigste Mensch.

- Er nimmt dich an wie du bist.
- Du musst dich nicht zuvor ändern, um bei Ihm ernst genommen zu werden.
- Du musst nicht heroische „Leistungen" vorweisen können, um bei Ihm zu zählen.

- Nein, ganz im Gegenteil! *„Je ärmer du bist, um so mehr liebt dich der Herr",* bezeugt die hl. Therese von Lisieux.

Viele Menschen unserer Tage leiden unter mangelndem Selbstwertgefühl, was die Ursache zahlreicher Probleme darstellt. Die Anbetung ist eine ausgezeichnete Gelegenheit, davon frei zu werden und in die tiefe Wahrheit einzudringen, die Blaise Pascal folgendermaßen ausdrückt:

> *„Gott liebt uns nicht,*
> *weil wir wertvoll sind,*
> *sondern wir erhalten unseren Wert,*
> *weil Er uns liebt."*

- Lass in deiner Anbetungszeit die heilende Gegenwart des Herrn in deiner Seele wirken! Bleibe bei Ihm in der festen Gewissheit, dass Er dich vorbehaltlos annimmt mit all deinen Fehlern und Schwächen.

- Dein Wert als Person verringert sich nicht, weil du Fehler hast oder nichts vorweisen kannst, was in den Augen der Welt zählt; er steigt auch nicht, weil du großartige Taten vollbracht oder geniale Fähigkeiten hast.

> *Jesus liebt dich,*
> *weil du DU bist.*

- „Danke Jesus, dass Du mich annimmst wie ich bin!"

In der Gegenwart des eucharistischen Herrn, vor Ihm, in der demütigen Gestalt des Brotes, wirst du ein gesundes Selbstwertgefühl erhalten. Es wird dir in vielen Bereichen deines Lebens die wahre Freiheit schenken.

## 6. Setze deine Seele der Sonne aus, auch in der Stille und Dürre des Glaubens!

Vielleicht hast du während deiner Anbetung spürbar die Nähe Gottes erfahren und verkostet. Das ist ein wunderbares Geschenk. Aber es kann auch dir in der Anbetungszeit Trockenheit widerfahren. Das darf dich nicht entmutigen, denn dies entspricht den Gesetzen des geistlichen Wachstums. Phasen der Trockenheit sind eine gute Schule dafür, nicht unsere Gefühle, sondern den Herrn zu suchen.

Ein Wort von König Baudouin, der viel Zeit in der Anbetung verbrachte, gibt uns Mut. Oft begab er sich in seine Kapelle, in besonderen Fällen auch nachts. In seinem Tagebuch hielt er fest:

*„Es war immer sehr schwer, in der Stille und Dürre des Glaubens, Gott zu betrachten."* Aber der König blieb treu!

Die verspürte Trockenheit hielt ihn nicht ab, zu seinem Gott zu gehen und Ihn anzubeten.

Er vertraute darauf, dass Gottes Gnade durch die Anbetung sozusagen flüssig gemacht wird.

Gottes Gnade wirkt, ohne unser Wissen, ohne unser Zutun, ohne erhebende Gefühle!

Einer Bekannten empfahl König Baudouin einmal:

*„Überlasse deine Seele der Sonne Gottes. Sorge dich nicht, deine Zeit in der Kapelle zu verlieren, selbst wenn du nichts verspürst. Man muss der Sonne Zeit lassen, uns zu bräunen, das verlangt Geduld."*

- Setze dich also den Strahlen der Göttlichen Sonne in der Eucharistie aus!

Die Sonne wirkt, auch wenn du nichts fühlst. Im Unterschied zur Sonne, die unsere Erde bescheint, bekommst du keinen Sonnenbrand.

Aber so, wie du viele positive Wirkungen der irdischen Sonne nicht unmittelbar merkst, so verhält es sich mit der Göttlichen Sonne, unter der du in der Anbetung weilst. Sie verändert dich! Sie heilt dich!

Die hl. Therese von Lisieux hatte während ihrer gesamten Lebenszeit im Kloster unter großer Trockenheit gelitten. Sie findet sich im Bild eines kleinen Vogels wieder, der unermüdlich auf seine Sonne schaut:

*„Ich sehe mich selbst nur als einen schwachen kleinen Vogel. Ich bin kein Adler; von ihm habe ich nur die Augen und das Herz. Trotz meiner Kleinheit richte ich das Auge unverwandt auf die Göttliche Sonne.*

*In einem verwegenen Sich-Überlassen will er im Anblick seiner Göttlichen Sonne verharren. Nichts kann ihn erschrecken, weder Wind noch Regen...*

*O Jesus, wie glücklich ist doch Dein kleiner Vogel, schwach und klein zu sein!*

*Was würde aus ihm werden, wenn er groß wäre?... Niemals hätte er den Mut, sich Deiner Gegenwart zu stellen."*

Therese bringt durch dieses Bild zum Ausdruck, dass nur ein Punkt für sie von Bedeutung ist: auf die Sonne zu vertrauen - trotz „Wind und Regen".

„Wind und Regen" können unfreiwillige Zerstreuungen, Niedergeschlagenheit, Glaubensnot, Zweifel oder Trockenheit sein.

- Gehe in die Schule der neuen Kirchenlehrerin!
- Verharre treu in der Göttlichen Sonne, auch bei *„Wind*

*und Regen"*; dankbar wie sie für unsere Kleinheit, und bleibe fest im Vertrauen, *„dass hinter den Wolken... (die) Sonne stets scheint."*

Vielleicht hilft dir noch ein Wort des Herrn selbst, das Er der hl. Gertrud von Helfta geoffenbart hat, als sie sich in geistlicher Trockenheit befand:

*„Der Bräutigam ist noch mehr entzückt, wenn Er den Hals Seiner Braut entblößt jeden Schmuckes sieht, als wenn sie mit kostbaren Geschmeiden angetan ist. Er liebt es mehr, ihre Hände in die Seinen zu nehmen, als sie reich verziert mit kostbaren Handschuhen zu sehen."*

In dieser bildreichen, mystischen Sprache des Mittelalters sagt der Herr auch dir:

„Ich liebe dich mit all deinen Zerstreuungen und in deiner Trockenheit! Ich liebe dich am meisten in deiner Armut und Demut!"

> *„Unser Gebet ist trotz unserer Zerstreutheit Gott nicht weniger angenehm und uns nicht weniger nützlich. Es hat vielleicht gerade deshalb, weil wir uns plagen müssen, mehr Wert, als wenn wir mit Tröstungen überhäuft wären."*
>
> (Hl. Franz von Sales)

## 7. Ein Gedächtnis des Leidens des Herrn

*„Herr Jesus Christus,
im wunderbaren Sakrament des Altares
hast Du uns das Gedächtnis
Deines Leidens... hinterlassen."*

(Aus dem Tagesgebet am Fronleichnamsfest)

Hier im Allerheiligsten Sakrament des Altares hast du deinen Retter und Erlöser vor Augen.

Jesus ist der Erlöser der Welt. Aber was nützt es dir, wenn du Ihn nicht ganz persönlich als deinen Retter und Erlöser annimmst?

Mache dir die Worte des hl. Paulus zu eigen, der die Erlösungstat Jesu für sich ganz persönlich in Anspruch nimmt und sagt: Er hat *„mich geliebt und Sich für mich hingegeben"* (Gal 2,20).

- Du hast jetzt Gelegenheit, deine Dankbarkeit und Freude über deine Erlösung durch Jesu Leiden zu vertiefen.
- Bleibe einfach vor Ihm in der Haltung der Dankbarkeit!

Heiligkeit besteht nicht in erster Linie darin, viele Aktivitäten zu setzen, sondern vor allem in einer Verfassung des Herzens. Dankbarkeit soll ein Wesenszug deines Herzens sein!

Edith Stein, die große, heiliggesprochene Philosophin und Märtyrerin für ihr jüdisches Volk und Mit-Patronin Europas, bezeugt:

*„Meine Gebete sind stets sehr einfach gewesen. Dankbarkeit war das Beste darin."*

Der hl. Ignatius von Loyola empfiehlt, sich vor ein Bild des Gekreuzigten zu begeben und sich die Frage zu stellen:

*„Was hast Du
in Deiner Liebe
für mich getan?
Und was habe Ich
für Dich getan?"*

Dabei sollten wir wie mit einem guten Freund ins Gespräch kommen.

Das Bild des Gekreuzigten ist ohne Zweifel eine gute Anregung für ein Gespräch mit dem Herrn. Aber in der hl. Eucharistie, dem „Andenken an Sein Leiden", ist der Herr selbst real gegenwärtig.

Es ist selbstverständlich für einen Gläubigen, die Bilder des Gekreuzigten zu verehren, denn die Verehrung gilt dem, der in diesem Bild dargestellt ist. Im Altarsakrament jedoch ist der Herr unmittelbar gegenwärtig. Er, der Herr, der für dich starb und dich durch Sein Blut erlöste.

- Vergegenwärtige dir, was du ohne Ihn wärest!

*Dann aber danke Ihm!
Danke Ihm!*

# 8. Ein Gedächtnis der Auferstehung des Herrn

*„Herr Jesus Christus,*
*im wunderbaren Sakrament des Altares*
*hast Du uns das Gedächtnis...*
*Deiner Auferstehung hinterlassen."*

(Aus dem Tagesgebet am Fronleichnamsfest)

In der Hostie ist uns nicht nur ein Andenken des Leidens unseres Herrn hinterlassen, sondern in ihr ist auch der auferstandene und verklärte Herr anwesend.

Vor einigen Jahren begegnete ich in einem Wallfahrtsort einer hoch gebildeten Dame aus Irland, die mir das folgende eindrucksvolle Zeugnis erzählte:

„Ich stand zusammen mit meinem Mann und vielen anderen Leuten vor der Kirche, als plötzlich am Himmel die Gestalt des Herrn erstrahlte. Es war so großartig, was sich da abspielte, dass ich völlig gebannt hinsah. Beim Anblick des Herrn in dieser Vision kamen mir die Worte in den Sinn: ‚Ich bin die Auferstehung und das Leben'. Es war die Fülle des Lebens, die sich hier offenbarte. Jesus und alles um Ihn vermittelte vor allem den Eindruck von Leben. Das Licht, das den Herrn umflutete war ‚lebendig', und von Seinen beiden Seiten flossen Kaskaden von klarem Wasser herunter. Mir schien, es waren die ‚Ströme lebendigen Wassers', die Jesus jenen verheißt, die an Ihn glauben.

Als dieses wunderbare Schauspiel am Himmel zu Ende war, erwartete ich, dass nun alle Leute rund um mich ihrer Freude, ihrem Staunen und ihrer Dankbarkeit Ausdruck verleihen würden. Aber ich blieb allein mit meiner Schilderung des soeben Geschauten. Niemand außer mir hatte den lebendigen Auferstandenen gesehen. Alle übrigen nahmen ‚bloß' eine matt leuchtende Scheibe wahr. Es war die Hostie, die sie sahen, sagten sie einmütig.

Warum wurde niemandem außer mir diese Vision zuteil? Warum?

Plötzlich sagte mein Mann zu mir: ‚Wir haben es – im Gegensatz zu dir – nicht nötig, den Herrn in Gestalt des Auferstandenen zu sehen. Wir Katholiken wissen ja, dass dieser Jesus, den du gesehen hast, in der Hostie verborgen ist.'

Ich möchte noch hinzufügen, dass ich damals noch protestantisch war. Auf Grund dieser Erfahrung konvertierte ich aber einige Zeit später zum katholischen Glauben."

- Mache dir bewusst, dass im Allerheiligsten Sakrament der Auferstandene gegenwärtig ist!
- Versetze dich in einen Lobpreis!
- Lade den ganzen Himmel ein, mit dir den Auferstandenen zu preisen!

*„Ich lobe Dich,*
*ich preise Dich,*
*ich danke Dir,*
*ich verherrliche Dich,*
*ich bete Dich an, o Herr!"*

- Versenke dich in den Lobpreis des Auferstandenen und du wirst spüren, dass neue Freude in dein Herz einzieht.
- Der Lobpreis bringt dich weg von dir und zieht dich hin zum Herrn.
- Im Lobpreis nehmen wir jetzt schon vorweg, was wir eine Ewigkeit lang tun werden.
- Der Lobpreis öffnet dir ein Stück vom Himmel!

*„Je größer die Gnade ist,
die uns unser Herr
Jesus Christus erweist,
indem Er in der Heiligen Eucharistie
beständig bei uns bleiben wollte,
desto größer ist auch unsere Pflicht,
immer und durch alle möglichen Mittel
dieses erhabene Sakrament zu ehren."*

(Hl. Karl Borromäus)

## 9. „Jesus, ich vertraue auf Dich!"

Du kannst in der Anbetung auch die tiefen Wahrheiten meditieren, die in dem berühmten Bild des „Barmherzigen Jesus" zum Ausdruck kommen.

Schwester Faustine Kowalska wurde von Papst Johannes Paul II. im Jahr 2000 heilig gesprochen. Sie ist die Verkünderin der Barmherzigkeit Gottes für unsere Zeit.

Der Herr beauftragte sie, ein Bild des „Barmherzigen Jesus" so malen zu lassen, wie sie Ihn in einer Vision gesehen hatte. Es zeigt den verklärten Herrn, die rechte Hand zum Segen erhoben, und Sein Herz, aus dem Blut und Wasser strömen. Unter dem Bild stehen die Worte:

*„Jesus, ich vertraue auf Dich!"*

Dieses Bild bringt dir eine wichtige Wahrheit in Erinnerung: Der verklärte Herr, der dich und alle Welt unentwegt segnet, ist hier vor dir, ist hier gegenwärtig im Allerheiligsten Sakrament! Das Bild von Schwester Faustine enthüllt durch seine theologische Aussage eine beglückende Wahrheit: Jesus, unser Gott, segnet unaufhörlich.

Dieses Bild vom segnenden Herrn hat sich auch den Aposteln bei der Himmelfahrt Jesu unauslöschlich eingeprägt (vgl. Lk 24,51).

In der Hostie ist der segnende Herr real zugegen.
- Stelle dich unter Seinen Segen!
- Nimm alle in Seinen Segen hinein, die dir nahestehen!
- Bringe alle vor Ihn, für die du eintreten möchtest!
- Bringe die ganze Welt in ihrer Not vor Ihn!

*Aus dem Herzen des Herrn,
das am Kreuz durchbohrt wurde,
flossen Blut und Wasser.*

So sah es der Evangelist Johannes (Joh 19,34).

Schwester Faustine wird in ihrer Vision die geistliche Realität geoffenbart, dass das Herz des Erlösers allezeit für alle offensteht.

- Immerfort ist die Kraft des Blutes Jesu verfügbar.
- Lasse dich reinigen und heiligen durch Jesu Blut!
- Immer ist der Herr bereit, Seinen Geist, versinnbildet durch das aus Seinem Herzen strömende Wasser, auszugießen.

Die hl. Therese von Lisieux beschloss in einer besonderen Gnadenstunde, ihren Standort unter dem Kreuz aufzuschlagen, um das Blut des Herrn aufzufangen und über die Seelen zu gießen.

In der Anbetung hast du eine wirksame Gelegenheit, wie Therese das Blut des Herrn in mystischer Weise aufzufangen und über dich und die ganze Welt auszugießen.

- Sei wie eine Schale, die die Barmherzigkeit und die Kraft des Blutes Jesu stellvertretend für andere auffängt!

- Gieße Jesu Blut über die ganze Welt aus! Es reinigt, schützt, heilt und heiligt.

Jetzt hast du auch eine wunderbare Chance, wirksam um den Heiligen Geist zu bitten! Das Wasser, das aus dem Herzen Jesu strömt, symbolisiert den Heilige Geist.

Wie es ohne Wasser kein Leben gibt, so gibt es kein Leben ohne den Heilige Geist. Er ist der Lebensspender.

- Erbitte den Heiligen Geist!

*„Komm, Heiliger Geist!*
*Komm, erfülle mich!*
*Komm mit Deinen Gaben!*
*Komm, Heiliger Geist!"*

- Der Heilige Geist ist die erste Gabe Gottes. Er ist DIE Gabe Gottes.
- Es gibt keine geeignetere und bessere Zeit als die Anbetung, um Ihn auf dich und die ganze Welt herabzurufen.

Einer begnadeten Seherin sagte die Muttergottes:

*„Wer den Heiligen Geist hat, der hat alles!"*

# 10. „Ich bitte Dich um Verzeihung"

In der Enzyklika „Über das Geheimnis und die Verehrung der hl. Eucharistie" schreibt Papst Johannes Paul II.:

*„Wir sollten bereit sein, in der Anbetung, in einer Kontemplation voller Glauben, die große Schuld und alles Unrecht der Welt zu sühnen."*

Der Engel von Fatima hat bei einer Erscheinung den drei Seherkindern empfohlen, oftmals zu beten:

*„Mein Gott, ich glaube an Dich, ich hoffe auf Dich, ich liebe Dich und ich bete Dich an! Ich bitte Dich um Verzeihung für alle, die nicht an Dich glauben, nicht auf Dich hoffen, die Dich nicht lieben und nicht anbeten."*

- Hier, vor dem Allerheiligsten Sakrament, erneuere deinen Glauben!
- Der Herr, verborgen in der unscheinbaren Gestalt des Brotes, ist wahrhaft hier!
- Auf Ihn allein setze deine Hoffnung. Er ist das Ziel deiner Liebe. Ihm allein gebührt Anbetung.

Aber die Früchte deiner Hingabe an den Herrn mögen nicht nur dir zuteil werden, sondern auch und gerade der Welt, die in großer Schuld vor Gott steht. Das ist Sühne!

Sühne zu leisten, verlangt ein großmütiges Herz. Gott aber lässt sich an Großmut nie übertreffen!

Wenn du Anbetung hältst in der Absicht, Sühne zu leisten, erweist du dich als echt Liebender. Denn Liebe sucht den anderen: Jesus, der „Heimweh" nach jedem Menschen hat, soll getröstet, und die Menschen, die in der Dunkelheit suchen, sollen zum Licht geführt werden.

*„Bete für die kranke Welt!"* hat die Muttergottes in Lourdes zur hl. Bernadette gesagt.

Dasselbe bittet sie dich:

### *„Bete für die kranke Welt!"*

- Bringe deinen Glauben, deine Hoffnung, deine Liebe, deine Anbetung stellvertretend für alle dar, die die Liebe Gottes noch nicht kennen, und für alle, die Unrecht und große Schuld auf sich geladen haben.
- Deine Sühne ist ein kostbares Geschenk für den Herrn!
- Deine Liebe wird dadurch wachsen, denn sie wächst immer dann, wenn wir sie üben.
- Sühne zu leisten, macht dich zu einem immer größeren Liebenden! Und zu einem großen Apostel!

Im Dekret über das Laienapostolat heißt es: *„... die guten, in übernatürlichem Sinn vollbrachten Werke haben die Macht, Menschen zu bekehren."* Die Anbetung ist ein solches *„in übernatürlichem Sinn vollbrachtes Werk"*. Es hat die Macht, zu sühnen und zu bekehren.

### *Anbetung ist die beste Sühne und höchstes Apostolat!*

## 11. „Schenke Deiner Kirche die Einheit und den Frieden!"

> *„Herr, unser Gott, wir bringen das Brot dar, das aus vielen Körnern bereitet... ist. Schenke Deiner Kirche, was diese Gaben geheimnisvoll bezeichnen: die Einheit und den Frieden..."*

(Aus dem Gabengebet des Fronleichnamfestes)

- Wie sehr hat der Herr die Einheit unter den Seinen ersehnt! Am Ende Seines Lebens hat Jesus im hohepriesterlichen Gebet dieser Sehnsucht Ausdruck verliehen:

> *„Alle sollen eins sein:*
> *... damit die Welt glaubt,*
> *dass Du Mich gesandt hast."*

(Joh 17,21)

- Die Einheit unter den Christen ist jedoch vielfach verletzt. Der Leib Christi blutet, er ist jämmerlich zerrissen. Selbst die katholische Kirche ist nicht eins.
- In der bedeutsamen Enzyklika zum Jahr 2000 „Tertio millenio adveniente" schenkt der Heilige Vater u.a. den ökumenischen Bestrebungen große Beachtung.
- Der Papst ruft alle Christen auf, sich für die Ökumene zu öffnen und dafür einen Beitrag zu leisten.
- Wenn auch nach den Worten des Papstes die Einheit am Ende des zweiten Jahrtausends nicht erreicht ist, so sollen wir doch die feste Zuversicht haben, der vollen Einheit nicht mehr ferne zu sein.

- So sehr menschliche Bemühungen und Anstrengungen für die Erlangung der Einheit auch notwendig sind, so muss die Einheit vor allem erbetet werden. Die Einheit ist eine Gabe des Heiligen Geistes.
- Du entsprichst dem sehnlichen Wunsch Jesu und Seines Stellvertreters, wenn du vor dem Sakrament der Einheit um die Einheit in der Kirche und im Leib Christi betest.

*„O Jesus, gegenwärtig in der Hostie, führe alle Menschen zur Einheit in Dir!"*

## 12. „Nur mit Ihm verstand ich zu reden"

Die hl. Therese von Lisieux, in ihrer Kindheit schüchtern und kontaktarm, berichtet darüber, wie sie die Nachmittage in der Abteischule der Benediktinerinnen zubrachte:

*„Da sich niemand um mich kümmerte, stieg ich auf die Empore der Kapelle und blieb vor dem Allerheiligsten bis zum Augenblick, da Papa mich abholen kam, das war mein einziger Trost. War denn nicht Jesus mein einziger Freund?... Nur mit Ihm wusste ich zu reden... Ich fühlte, dass es besser war mit Gott zu reden als über Ihn..."*

- Bringe auch du während deiner Anbetung alles vor den Herrn, was dich bewegt!
- Erzähle Ihm ungezwungen deine Freuden und Leiden!
- Vertraue Ihm alles und alle an!

Die hl. Teresa von Avila, bezeichnet das Gebet als Gespräch mit einem Freund, von dem du sicher bist, dass Er dich liebt.

- Mache dir immer wieder bewusst, dass der Herr gegenwärtig ist!
- Er hört alle deine Anliegen.
- Gib Ihm deine Sorgen und Ängste!
- Verzeihe allen, denen du etwas vorzuwerfen hast! So wird der Friede in dein Herz einziehen.

- Vielleicht hast auch du bald Sehnsucht, still bei Jesus zu verweilen?

In späteren Jahren schreibt Therese von Lisieux:

*„Oft ist das Schweigen die einzige Möglichkeit, meine Anliegen zum Ausdruck zu bringen. Aber der göttliche Gast im Tabernakel versteht alles, selbst das Schweigen einer Kinderseele, die mit Dankbarkeit erfüllt ist."*

Wie die „kleine" Therese kannst auch du deine Anliegen schweigend vor Ihn bringen! Er versteht alles! Er wird dir vor allem im Schweigen begegnen. Auch Er will dir etwas sagen! Höre auf Ihn im Schweigen!

*„Gott will dir etwas sagen,
das nur Er dir sagen kann,
und auf eine Art, die nur Er kennt.
Dafür musst du
in Seiner Gegenwart bleiben"*

(Hl. Antonio Maria Claret)

# 13. „Mein Gott, Du weißt, dass ich Dich liebe"

Das Wichtigste bei der hl. Messe und im Leben ist die Wandlung. Unser Herz soll dem Herzen Jesu immer ähnlicher werden. Es muss stets mehr verchristlicht werden. Die Gesinnung Jesu muss unser Inneres ergreifen.

- Lerne von den Heiligen, die ihre innere Haltung, die Verfassung ihres Herzens durch einfache Wiederholungen gefestigt haben. So wird Jesus dein Herz verwandeln.

Einmal bekennt die Heilige Therese von Lisieux:

*"Wenn ich vor dem Tabernakel knie, habe ich dem Herrn nichts anderes zu sagen, als:*

**‚Herr, Du weißt, dass ich Dich liebe.'"**

Und sie fügt interessanterweise hinzu: *„Ich spüre, dass Ihm dies nie lästig wird."*

Übe durch Wiederholung ein, was dir wichtig erscheint: Liebe, Demut, Dankbarkeit, Vertrauen, Hingabe, Anbetung…

- „Ich gebe Dir alles, ich gebe mich Dir selber ganz und gar, ich übergebe Dir alle und alles!"
- „Mein Herr und mein Gott!"
- „Mein Gott und mein Alles!"

Ein Heiliger unserer Tage mit einer überwältigenden Ausstrahlung hat bezeugt, dass er oft die Perlen des Rosenkranzes benützt, um seine Hingabe an Jesus auszudrücken, über die Person des Erlösers zu meditieren oder für jemanden Fürbitte zu halten, indem er ganz einfache Anrufungen wiederholt.

Gott sieht dein Inneres. Er kennt deine Liebe und Dankbarkeit, deine Sehnsüchte, Wünsche, Sorgen und Ängste.

Wiederhole einfache Worte, um dein Herz sprechen zu lassen. Du kannst zum Beispiel, um die Liebe zu Jesus zu vertiefen, beten:

*„Jesus – mein Friede!"*
*„Jesus – mein Erlöser!"*
*„Jesus – Retter der Welt!"*

Oder, um Fürbitte für jemanden vor dem Allerheiligsten Sakrament zu leisten:

*„Jesus – (z.B.) Julia!"*
*„Jesus – (z.B.) Josef!"*

Jesus weiß, was Julia oder Josef brauchen, was für sie am besten ist, und Er kennt auch deine Intention. Es genügt, die Person, für die du beten willst, in die Gegenwart Jesu zu bringen, indem du ihren Namen nennst.

Du wirst die Erfahrung machen, dass dies eine wirksame Fürbitte ist.

Wie die hl. Therese von Liseux wirst auch du spüren, dass Jesus die Wiederholungen nie lästig sind, dich aber in die Tiefe und zum Frieden führen.

Marie Guérin, eine Kusine der hl. Therese von Lisieux, schreibt in einem Brief an diese:

*„Weißt du, wo ich mich am glücklichsten fühle? Wenn ich in einer Kirche bin, da kann ich wenigstens meine Augen auf dem Tabernakel ruhen lassen, ich fühle, dann bin ich in meiner Mitte..."*

Du hast nicht nur den Tabernakel vor dir, sondern Jesus Christus sichtbar in der Hostie. Du befindest dich unter den Strahlen Seiner Liebe.

*Bleibe einfach bei Ihm,*
*ob du Ihn fühlst oder nicht!*
*Im Schweigen oder durch*
*einfache Wiederholungen*
*wird Jesus dein Herz verwandeln,*
*du wirst in einen tiefen*
*Frieden eintauchen*
*und in deine „Mitte" kommen!*

## 14. Betrachte das Wort Gottes!

- Lass ein Wort aus der Heiligen Schrift lebendig werden, wenn du in der Anbetung weilst.
- Jesus selbst spricht im Evangelium zu dir. Höre Ihm zu!
- Das Wort Gottes ist ein Schutzschild gegen die Angriffe des Bösen, es ist das „Schwert des Geistes" (Eph, 6,17).
- Stelle dir eine Szene aus dem Evangelium anschaulich vor und versetze dich hinein!
- Du wirst viel Gewinn dabei haben, denn Jesus, dein Lehrer, der aus dem Evangelium zu dir spricht, ist hier gegenwärtig.
- Zur eucharistischen Betrachtung eignen sich besonders gut:
    o Magnifikat,
    o Benediktus,
    o Vaterunser,
    o Psalmen,
    o Evangelien,
    o Verse aus den Apostelbriefen...

- Wähle etwas, was dich anspricht, und lass es in deinem Inneren lebendig werden!
- Suche dir ein Wort der Bibel, das für deine Lebenssituation passt. Besprich dieses Wort vor dem Allerheiligsten und dann höre auf Seine Stimme.

Es mag besser sein, nur einen Schriftvers in Stille vor Gott zu betrachten, als ein ganzes Buch aus dem Alten oder Neuen Testament zu lesen.

Vor dem Tabernakel soll Sein Wort für dich lebendig werden, dir Stütze und Orientierung bieten.

Vom hl. Franziskus ist überliefert, dass er, wenn er das Vaterunser beten wollte, über diese Anfangsworte nicht hinauskam, so sehr war er von der Liebe Gottes ergriffen, voll von Dankbarkeit, Staunen und Liebe zu seinem himmlischen Vater und seinen Brüdern und Schwestern.

- Denke daher daran, dass das Verweilen bei einem Vers, bei einer Szene wichtig ist!
- Koste die Liebe Jesu aus!
- Sein Wort wird in der Stille und unter den Strahlen Seiner Liebe lebendig und wirksam!

Schon der Psalmist preist anbetend das Wort Gottes:

*„Ich will mich niederwerfen
zu Deinem heiligen Tempel hin
und Deinem Namen danken
für Deine Huld und Treue.
Denn Du hast die Worte
meines Mundes gehört,
Deinen Namen und Dein Wort
über alles verherrlicht."*

(Ps 138, 2)

## 15. „Siehe, deine Mutter!"

Manche Menschen bezeugen, dass sie bei der Anbetung des eucharistischern Herrn auch eine starke Anwesenheit Marias verspüren. Dies ist nicht verwunderlich! Bedenke:

- Es ist derselbe Leib des Herrn, den Maria in ihrem Schoß getragen und in Bethlehem geboren hat und der hier in der eucharistischen Gestalt anwesend ist.
- Es ist derselbe Herr, der in Gegenwart Seiner Mutter Sein Leben für uns am Kreuz dahingab und uns im Allerheiligsten Sakrament das Andenken an Sein Leiden hinterlassen hat.
- Es ist derselbe Herr, der, jetzt gegenwärtig in der Monstranz, dich einst am Kreuz Seiner Mutter anvertraute und dir Maria zur Mutter gab.

  o Lade deshalb Maria ein, mit dir zu beten, wenn du vor dem Allerheiligsten Sakrament weilst.

  o Lade Maria beim Rosenkranzgebet ein, mit dir durch das Leben Jesu zu gehen!

Papst Paul VI. sprach vom Rosenkranz als einem Evangelium, das auf die Geheimnisse der erlösenden Menschwerdung konzentriert ist.

- Die Rosenkranz-Geheimnisse haben eine klare christologische Orientierung.

- Niemand steht Jesus näher als Maria, und sie will Ihn fortwährend der Welt und dir ganz persönlich schenken. Lass dich von ihr zu Jesus führen!

Papst Johannes Paul II. hat für das erste Kapitel des Apostolischen Schreibens „Rosarium Virginis Mariae" den Titel „Mit Maria Christus betrachten" gewählt. Darin bezeichnet der Papst Maria als *„Vorbild der Kontemplation"*. Er schreibt:

*„Es bleibt der Auftrag eines jeden Jüngers Christi und somit auch unser Auftrag, die Augen auf das Antlitz Christi gerichtet zu halten und darin das Geheimnis des gewöhnlichen und schmerzlichen Weges Seiner Menschheit zu erkennen, bis hin zum Begreifen des göttlichen Glanzes, der sich endgültig im Auferstandenen, der zur Rechten des Vaters verherrlicht ist, kundtut.*

*Im Betrachten dieses Angesichtes öffnen wir uns, um das Geheimnis des dreifaltigen Lebens in uns aufzunehmen und um stets aufs Neue die Liebe des Vaters zu erfahren und die Freude des Heiligen Geistes zu verkosten."*

Maria führt in der Anbetung zu Jesus! Deshalb können wir auch singen:

> *„Rosenkranzkönigin, Fürstin, du hehre,*
> *flehe bei deinem Sohn, daß er gewähre,*
> *was von dem Himmel kommt*
> *und uns zum Heile frommt,*
> *Fürstin, Fürstin, du hehre."*

(Gotteslob 911, Diözesananhang Linz)

## 16. „Mitten unter euch steht der, den ihr nicht kennt"

Ein berühmter Violinist wurde von einem Jugend-Gebetskreis dafür gewonnen, bei einer angemeldeten Straßenevangelisation mitzuwirken. Die Jugendlichen sangen und versuchten, Passanten auf Gott hin anzusprechen.

Von Zeit zu Zeit spielte der Violinist ein traumhaft schönes Solo. Ich stand einige Zeit bei der Jugendgruppe und wusste, dass dieser großartige Künstler auf Jahre hinaus für Konzerte in der ganzen Welt engagiert war.

Fasziniert hörte ich zu. Er spielte, wie eben nur ein außergewöhnlich begnadeter Künstler zu spielen vermag. Nur wenige Passanten jedoch blieben stehen. Kurz! Die allermeisten gingen völlig achtlos vorüber.

„Wenn ihr wüsstet, wie sehr seine Konzerte in aller Welt begehrt sind! Wie schwer es ist, überhaupt eine Konzertkarte zu bekommen. Und jetzt könntet ihr gratis zuhören...

Wenn ihr wüsstet, wer es ist, der da spielt!" dachte ich.

- Das ist auch das Schicksal Jesu: Er war und ist von vielen unerkannt! Das Schriftwort aus dem Johannesevangelium gilt vielfach auch heute noch: *"Mitten unter euch steht der, den ihr nicht kennt" (Joh 1,26).*

- Wie oft gehen wir achtlos an einer Kirche vorüber, ohne daran zu denken, dass der Herr aller Herren darin wohnt!

Wie oft verhalten wir uns Ihm gegenüber wie bei einem Unbekannten, den wir nicht beachten!

Vielleicht ist es dir möglich, dir häufiger etwas Zeit zu nehmen, um in eine Kirche einzutreten, an der du vorübergehst. Dort grüße den Herrn und halte eine kurze Anbetung.

- Der heilige Don Bosco sagte zu seinen Jungen: *"Wollt ihr wenig Gnade haben, dann besucht das Allerheiligste nur selten! Wollt ihr viel Gnade haben, dann macht oft eine Besuchung!"*

    o „Jesus, ich grüße Dich!

    o Ich danke Dir für Deine Gegenwart.

    o Ich bringe Dir Dank und Anbetung!

    o Ich bringe Dir mein Herz und alle, die zu mir gehören.

    o Segne mich und die Meinen!

    o Segne alle! Segne die Kirche, unsere Heimat, die ganze Welt!"

- Viele Menschen kennen Jesus noch nicht!

    „Jesus, ich möchte Dich besser kennen lernen:

    o aus der Heiligen Schrift

    o durch das Leben der Heiligen,

    o durch die Anbetung vor dem Allerheiligsten Sakrament!"

- Jesus wohnt auch in jedem unserer Mitmenschen.

  Oft erkennen wir Jesus nicht in ihnen. Und doch hat Jesus gesagt: *„Was ihr für einen Meiner geringsten Brüder getan habt, das habt ihr Mir getan" (Mt 25,40).*

- „Jesus, schenke mir die Gnade, Dich in meinen Brüdern und Schwestern zu erkennen!"

- Höre auf Jesus in der Stille vor dem Tabernakel!

  Du wirst in Einklang mit dir kommen und den inneren Frieden finden. Denn Jesus ist dein bester Freund!

*„Ein Freund ist jemand,
der dir die Melodie
deines Herzens vorsingt,
wenn du sie vergessen hast."*

# 17. „Und wäre ich mutterseelenallein auf dieser Welt gewesen"

Der Schriftsteller Julien Green hat – seinem Wunsch gemäß – seine letzte Ruhestätte in einer Kirche gefunden: in St. Ägid, der Stadtpfarrkirche von Klagenfurt, der Landeshauptstadt von Kärnten.

Zahlreiche Persönlichkeiten warten in einer Kirche auf ihre Auferstehung; doch die Ruhestätte von Julien Green ist besonders bemerkenswert. Seine Grabinschrift rüttelt nämlich auf, sie drückt seine tiefe Glaubensüberzeugung aus:

*„Und wäre ich mutterseelenallein auf dieser Welt gewesen,*
**Gott hätte Seinen einzigen Sohn herab gesandt,
damit Er gekreuzigt werde, damit Er mich erlöse…"**

- Glaubst auch du, dass Jesus für dich allein Mensch geworden wäre, für dich gelitten hätte und für dich am Kreuz gestorben wäre?
- Glaubst du, dass Er dich liebt wie ein Einzelkind? Dass du Ihm unendlich kostbar bist?

Jesus, dein Erlöser, ist hier vor dir in der unscheinbaren Gestalt der Hostie. Erneuere deinen Glauben an Seine ganz persönliche Liebe zu dir! Danke Ihm! Lobe und preise Ihn!

- Bleibe in Stille vor Ihm mit einem Herzen voll Dankbarkeit!
- Bitte Ihn, Er möge dir einst den Himmel schenken, damit du nie aufhören wirst, Ihm zu danken und Ihn zu lieben.
- Ersehne den Himmel, um die ewige Freude und den Frieden beim Herrn zu erlangen; noch mehr aber, um Ihm in Ewigkeit deine Liebe und deine Dankbarkeit erweisen zu können.

In dieser Haltung wirst du mehr und mehr an Liebe zum Herrn wachsen!

# 18. „Wenn ihr Meine Gebote haltet, werdet ihr in Meiner Liebe bleiben"

Ein Ikonenmaler erklärte seinen Zuhörern den Sinn und den geistlichen Gehalt der von ihm gemalten Ikonen, mit denen er eine Kapelle sehr schön ausgestaltet hatte. Er erntete viel Bewunderung für seine Kunst. Auch ich war begeistert von seinem Werk und den erhellenden Erklärungen des Künstlers. Besonders beeindruckt war ich, als er schließlich seinen Ausführungen einen krönenden Abschluss hinzufügte: „Hätte ich aber die Gesetze der Ikonenmalerei nicht beachtet, wäre die Kapelle nicht so schön geworden." Dieser Künstler fühlte sich nicht eingeengt und in seiner Freiheit beschränkt, als er sich an die Gesetze der Ikonenmalerei hielt. Im Gegenteil! Er hat die Erfahrung gemacht, dass sie der Schönheit seines Werkes dienen; dass sie vollkommener werden, wenn er sie einhält.

- So hat uns auch Gott Gebote gegeben, nicht um unsere Freiheit zu beschneiden, sondern um unserem Leben Schönheit und Glanz zu verleihen.

- Jesus hat uns gesagt: *„Wenn ihr Meine Gebote haltet, werdet ihr in Meiner Liebe bleiben, so wie Ich die Gebote Meines Vaters gehalten habe und in Seiner Liebe bleibe... Das ist Mein Gebot: Liebt einander, so wie Ich euch geliebt habe"* (Joh 15, 10-12).

- Du möchtest in der Liebe des Herrn bleiben.
- Du möchtest Sein Liebesgebot halten.
- Aber wie sollst du es anstellen? Bist du nicht restlos überfordert?

Die heilige Therese von Lisieux kommt dir zu Hilfe; sie hat erkannt, wie es gelingen kann, das „Neue Gebot" zu halten: *„Ja, ich fühle es",* schreibt sie, *„wenn ich Liebe erweise, so handelt einzig Jesus in mir; je mehr ich mit Ihm vereint bin, desto inniger liebe ich alle meine Schwestern."*

- Hier in der Anbetung, hier vor dem Tabernakel, kannst du dich mit der Liebe Jesu füllen lassen!
- Hier in der Anbetung vereinige dich wieder ganz eng mit deinem Gott!
- „Herr, fülle mich mit Deiner Liebe!"

    Jesus, ich brauche Deine eigene Liebe, um die Liebe so zu üben, wie Du es willst. Jesus, liebe Du selbst durch mich!"

*„Je mehr ich mit Ihm vereint bin, desto inniger liebe ich alle meine Schwestern."*

(Hl. Therese von Liseux)

## 19. „Mich dürstet!"

Die heilige Therese von Lisieux wurde neben dem heiligen Franz Xaver zur Patronin der Weltmissionen erhoben. Sie, die nie in ihrem kurzen Leben Missionsboden betreten hat! Warum wohl? Weil in ihr der Geist eines glühenden Apostels wohnte, der sich in ihrem ganzen Leben und in ihren Schriften offenbarte. Sie selbst gibt uns Einblick in ein berührendes Erlebnis, das sie mit 14 Jahren hatte:

*„Als ich eines Sonntags ein Bild unseres Herrn am Kreuz betrachtete, ward ich betroffen vom Blute, das aus einer Seiner Göttlichen Hände floss. Ich empfand tiefen Schmerz beim Gedanken, dass dies Blut zur Erde fiel, ohne dass jemand herzueilte, es aufzufangen. Ich beschloss, im Geiste meinen Standort am Fuße des Kreuzes zu nehmen, um den ihm entfließenden göttlichen Tau aufzufangen, und begriff, dass ich ihn nachher über die Seelen ausgießen müsse... Der Schrei Jesu am Kreuz widerhallte ununterbrochen in meiner Seele: ‚Mich dürstet!'..."*

- Mutter Teresa, die ihren Ordensnamen nach der heiligen Therese von Lisieux wählte, hörte denselben Schrei Jesu in ihrem Herzen. Deshalb hat sie in all ihren Klöstern neben dem Kreuz die Worte Jesu anbringen lassen:

*„Mich dürstet!"*

- Jesus dürstet! Nach deiner Liebe, nach deinem offenen Herzen! Schenke dich Ihm! Übergib dich Ihm und erneuere diesen Akt der Hingabe in deinem Alltag!
- Jesus dürstet auch nach den Seelen deiner Brüder und Schwestern!
- Die kleine heilige Therese hat uns das wunderbare mystische Bild geschenkt: das Blut Jesu über die Seelen auszugießen. Tue dies für alle, die dir nahe stehen, für alle, die dir in den Sinn kommen, ja, auch für deine Feinde!
- Ein Priester, der einige Zeit als Einsiedler gelebt hat, wurde in dieser intensiven Gemeinschaft mit dem Herrn in der Stille dazu gedrängt, folgendermaßen zu beten:

**„Jesus, durch Deinen Tod und Dein heiliges Blut bekehre die Sünder, rette die Sterbenden, erlöse die Armen Seelen aus dem Fegefeuer, heilige die Priester, Ordensleute und Familien!"**

o Du kannst das Gebet in dieser Form beten oder in einen Rosenkranz einkleiden – den *„Sühnerosenkranz"*.

o Die genannten Personengruppen repräsentieren praktisch die ganze Kirche. Sie alle sollen Erlösung finden durch das Blut Jesu, das im Sakrament gegenwärtig ist.

o „Der eigentliche Schatz der Kirche ist das Blut Christi zur Erlösung der Seelen." Dieses tiefe Wort schenkt uns die heilige Katharina von Siena. Sie ist Kirchenlehrerin und Mit-Patronin Europas.

  o „Blut Christi, reinige uns von unseren Sünden und bösen Neigungen! Schütze und heilige uns!"

## 20. „Ziehe mich an Dich!"

Zwei Missionare hatten den Karmel von Lisieux gebeten, ihnen eine Schwester zur Seite zu stellen, die besonders für sie beten würde. Therese wurde zu ihrer übergroßen Freude für diese Aufgabe ausgewählt. Doch eines Tages überkamen sie Bedenken, ob nicht einer von ihnen bei ihren Gebeten zu kurz käme. Schließlich waren ihr noch die Novizinnen anvertraut, und sie wollte doch für alle beten: für die ganze Welt und die Meinungen des Papstes. Müsste sie nicht befürchten, etwas Wichtiges zu vergessen? Da sagte sie sich:

*„Einfache Seelen bedürfen keiner umständlichen Mittel; da ich zu diesen zähle, gab mir Jesus eines Morgens bei der Danksagung ein einfaches Mittel, meine Sendung zu erfüllen. Er ließ mich das Wort des Hohenliedes verstehen: ‚Ziehe mich an Dich, wir werden eilen… Dieses schlichte Wort: ‚Ziehe mich an Dich' genügt …"*

Therese vergleicht diese Gebetshaltung mit einem Sturzbach, der alles, was ihm unterwegs begegnet, mit sich schwemmt.

*So zieht ein Liebender, der betet,
all seine Lieben mit zu Gott.*

- Die heilige Therese bringt uns auf einen wunderbaren Gedanken; wunderbar, weil er uns davon entlastet, dass jemand bei meiner Anbetung zu kurz kommen könnte.

  Es genügt also, Gott sein Herz hinzuhalten, und alle, die wir im Herzen tragen, werden „ganz automatisch" in die Liebe des Herrn hineingezogen.

- Beunruhige dich daher nicht, dass du auf jemanden oder ein wichtiges Anliegen vergessen könntest. Verweile also ganz ruhig vor dem Herrn. Er weiß um alles! So wird der Friede Christi in dein Herz einziehen.

  Der heilige Seraphim von Sarow sagt: *„Es gibt nichts über dem Frieden Christi ... Erlange den inneren Frieden, und Tausende um dich herum werden das Heil finden."*

- Auch der heilige Pfarrer von Ars macht uns Mut und stärkt unser Vertrauen in die Barmherzigkeit Gottes, wenn er sagt:

  *„Es ist nicht der Sünder, der zu Gott zurückkehrt, um Ihn um Verzeihung zu bitten, sondern Gott selbst ist es, der hinter dem Sünder herläuft und ihn zu Sich zurückführt."*

- Gott läuft hinter jedem her. Er zieht jeden an Sich wie Jesus geoffenbart hat:

*„Wenn Ich über die Erde erhöht bin, werde Ich alle zu Mir ziehen" (Joh 12,32).*

- Die selige Mutter Teresa schreibt einmal:

  *„Oft während der Anbetung kommen Gesichter der Menschen, denen ich begegnet bin, vor mich, und ich erinnere Jesus an sie."*

  Dies ist keine Zerstreuung für sie, sondern ein Impuls, für diese Menschen zu beten.

- Du bist völlig frei, welche Art der Fürbitte du wählst. Du kannst die kleine Therese nachahmen oder es machen wie Mutter Teresa. Erinnere dich aber immer wieder daran, dass von deinem Gebet viel, sehr viel für das Heil der anderen abhängt!

> *„Jesus, ich gebe mich Dir hin,*
> *stellvertretend für Tausende.*
> *ZIEHE UNS AN DICH!"*

## 21. „Wie schön bist Du!"

Es war vor einigen Jahren in Afrika: Ein Missionar ging segnend mit der Monstranz durch die Kirche, als plötzlich ein kleines Mädchen zum Altar rannte und aufgeregt rief: „Ich kann sehen! Ich kann sehen!"

Einige Umstehende sagten zueinander: „Ist das nicht die kleine Blinde aus unserem Dorf?" – „Ja, natürlich, sie ist es!" Die Kleine aber fragte ungestüm: „Wer ist meine Mutter?" Da drängte sich eine junge Frau durch die Menge, umarmte die Kleine und sagte: „Ich bin deine Mutter!"

Das kleine Mädchen blickte seine Mutter an und rief: **„Wie schön bist du!"**

- Viele Menschen sind blind für die Schönheit des Glaubens, die Schönheit der Kirche, die Schönheit der menschlichen Seele...

- Doch Jesus kann sie von ihrer Blindheit heilen – wie dieses kleine afrikanische Mädchen.

- Verweile vor dem Allerheiligsten Sakrament, um für diese „Blinden" zu beten!

    o „Jesus, heile die Blindheit unserer Herzen!"

    o „Erhelle unseren Glauben!"

    o „Lass uns Deine Schönheit erkennen!"

    o „Erneuere unsere Liebe zur Kirche!"

- Die hl. Teresa von Avila schenkt uns ein wunderbares Bild von der Schönheit der Kirche – hilfreich vor allem für jene, die Verletzungen durch kirchliche Würdenträger davongetragen haben. Sie sagt: Stell dir einen schönen Palast mit den kostbarsten Schätzen darin vor. Sind die Schätze weniger wertvoll, wenn die Wärter Aussatz haben?

  o Bete für alle, die durch Amtsträger der Kirche verletzt wurden und deshalb die Schönheit der Kirche nicht mehr erkennen können.

  o Bete vor allem für jene, die die Schönheit des Glaubens nicht erkennen!

  o Es gibt viele Hindernisse, die den Glauben verdunkeln können – die eigenen Sünden oder die Sünden anderer, esoterische Praktiken, mangelnde Liebe in der Kindheit und vieles mehr.

  o Vertraue alle der unendlichen Barmherzigkeit des Herrn an!

  *„Jesus, Du bist das Licht der Welt! Schenke allen das Licht des Glaubens!"*

## 22. „Ich begann, ganz persönlich mit Gott zu sprechen

Eine Schwester, nach der Geschichte ihrer Berufung gefragt, erzählte:

„Es war in der Hauptschule, als wir im Religionsunterricht über die Bedeutung unserer Namen sprachen. Da erfuhr ich, was mein Name ‚Margarete' (‚Perle') bedeutet. Nach der Stunde kam noch der Religionslehrer zu mir und sagte: ‚Du bist wirklich eine kostbare Perle!' Ich freute mich unsagbar darüber und erzählte dies einer Bekannten. Diese antwortete: ‚Ja, da kannst du dich wirklich freuen; aber denke daran, dass du alle deine Gaben von Gott hast, deinem Schöpfer. Danke ihm dafür!' Damals begann ich, ganz persönlich mit Gott zu sprechen, und so konnte er mich den Weg führen, den er für mich vorgesehen hat – den Weg zu meiner Berufung als Schwester."

- Ganz persönlich mit Jesus zu sprechen, das ist notwendig! Du bist ja auch ganz persönlich von Ihm geliebt. Vertrau Ihm alles an, deinen Dank, deine Freuden, deinen Kummer.

- Wohin sonst willst du gehen mit deinen Sorgen und Lasten? Hat Er doch gesagt: *„Kommt alle zu Mir, die ihr euch plagt und schwere Lasten zu tragen habt. Ich werde euch Ruhe verschaffen"* *(Mt 11,28).*

- Vor dem Allerheiligsten Sakrament ist der beste Ort, dich von Jesus aufrichten, stärken und heilen zu lassen.
- Er und du! Das ist ein wunderbares Geheimnis deiner Liebesbeziehung zu Jesus. Er und du, ganz persönlich! Auge in Auge, von Herz zu Herz! Höre auf Ihn, ja lausche auf Sein Wort, auf das, was Er ganz persönlich zu dir sagt.
- Du bist gekommen, um Jesus anzubeten. Das ist wunderbar. Denke aber daran, Jesus auch in deinem Alltag immer wieder an deine Seite zu holen.

  Er möchte nämlich eingeladen werden.

  *„Das ist die schönste Seite an Gott... Allmächtig zu sein, und Sich dennoch niemandem aufzuzwingen"*, sagte Mutter Teresa.
- Ja, Jesus zwingt Sich nicht auf! Sprich mit Ihm auch bei deiner Arbeit und deiner Freizeit. Versuche immer mehr, ein Leben zu zweit mit Ihm zu führen! In der Anbetung hast du die beste Chance, dieses Leben „auf Schritt und Tritt mit Jesus" einzuüben.

## 23. Ein Licht der Liebe entzünden

Manchmal begleiten Naturereignisse oder andere besondere Begebenheiten entscheidende Momente im Leben eines Heiligen. So war es auch am 5. September 1997. In ganz Kalkutta gingen der Strom und das Licht aus, die ganze Stadt lag in Finsternis. In diesen Minuten gab Mutter Teresa ihre Seele Gott zurück; sie, die einmal gesagt hatte:

*„Wenn ich jemals eine Heilige werde,
dann ganz gewiss eine
‚Heilige der Dunkelheit'.
Ich werde fortwährend im Himmel fehlen
um für jene ein Licht zu entzünden,
die auf Erden in Dunkelheit leben."*

Am 10. September 1946 hatte Mutter Teresa während einer Eisenbahnfahrt eine für ihre Berufung entscheidende mystische Gottesbegegnung.

In den folgenden Monaten wurde der Ruf Jesu immer dringlicher. Doch nachdem Mutter Teresa dem Ruf Jesu nachgekommen war, wurde ihre Seele von tiefster Dunkelheit erfüllt. Diese quälende Dunkelheit hielt bis zu ihrem Heimgang zu Gott an.

Zu Mutter Teresa hat der Herr einst gesagt: *„Komm – trage Mich in die Löcher der Armen. Komm, sei Mein Licht."*

- Du musst nicht nach Kalkutta gehen, um Licht für die anderen zu sein. Kalkutta ist überall; überall, wo jemand in Not, einsam oder traurig ist. Jesus wird dich lehren, auf welche Weise und für wen du ein Licht entzünden kannst.

- Jetzt aber bringe alle Menschen, die in der Dunkelheit sind, vor Jesus im Allerheiligsten Sakrament!
- „Jesus, suche Du selbst alle, die Dich noch nicht gefunden haben: alle die an Deiner Liebe und Barmherzigkeit zweifeln; alle, die in Not und Elend sind.
- Jesus, entzünde in allen, die sich in Dunkelheit befinden, Dein Licht der Liebe und des Glaubens!

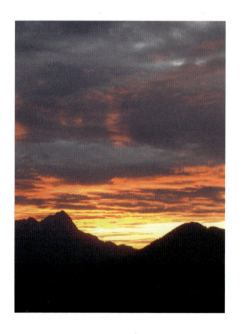

## 24. Bei der Krippe

Ich fragte einmal eine liebenswürdige junge Kindergärtnerin, wie oder was sie vor dem Allerheiligsten Sakrament bete.

Da antwortete sie spontan: „Anbetung hat für mich viel mit der Situation bei der Krippe zu tun.

Zuerst kamen die armen Hirten; in ihnen kann ich mich leicht finden.

Dann kamen die drei Könige mit ihren Gaben, auch ich will Jesus etwas schenken.

Und dann stand der Esel bei der Krippe, störrisch, wie eben Esel sind – aber er war bei der Flucht nach Ägypten doch so nützlich. Ich finde mich auch im Esel wieder.

Ja, und schließlich stelle ich mir vor, dass bei der Krippe auch ein Vogel war, der gesungen hat. Wie er möchte auch ich für Jesus singen, Ihn loben und preisen."

- Vielleicht kannst auch du dich in besonderer Weise in den Hirten finden – in ihrer Armut und Niedrigkeit.
- Die Hirten wurden in der Nacht von ihrer Herde weggerufen, und eilten nach Bethlehem (vgl Lk 2, 16), um den Herrn – ihren Retter – zu finden. In dem neugeborenen Kind erkannten sie ihren Gott.
- Vielleicht hast auch du dich von deiner Aufgabe losreißen müssen, und nun bist du da bei deinem Retter. Er-

kenne du in der Hostie deinen Gott und bete Ihn an!

- Von den Weisen aus dem Morgenland, den „Heiligen drei Königen", heißt es: *„Sie fielen nieder und beteten es (das Kind) an. Dann holten sie ihre Schätze hervor und brachten Ihm Gold, Weihrauch und Myrrhe als Gaben dar" (Mt 2,11).*

- Die Könige haben die richtige Rangordnung erkannt: Zuerst die Anbetung: „Du bist mein Gott!", „Mein Herr und mein Gott". Dann erst bringen sie ihre Gaben. Zuerst bete Ihn an, dann bete, was immer du willst.

- Und dann stand nach alter Tradition der Esel bei der Krippe. Wer will schon ein „Esel" sein? Aber mit dem Gedanken im Hinterkopf, vom Herrn gebraucht zu werden, möchtest du sicher auch – zumindest hin und wieder – ein „Esel" sein.

- Schließlich kannst du dich noch in den Vogel hineindenken: Er war in besonderer Weise da, um Gott für das größte Geschenk, Seinen Sohn, zu loben.

- „Himmlischer Vater, Du hast uns Deinen innigst geliebten Sohn geschenkt. Er ist für uns Mensch geworden und hat Sich für uns am Kreuz dahingegeben. Ich danke Dir! Ich lobe und preise Dich!"

    o Denke daran,

    dass Anbetung, Dank und Lobpreis bei deinen Gebeten vor dem Allerheiligsten Sakrament einen bevorzugten Platz einnehmen mögen.

    o Denke daran:

    „Hier ist der Schatz der Kirche, das Herz der Welt,

das Unterpfand des Ziels, nach dem sich jeder Mensch, und sei es auch unbewusst, sehnt" (Enzyklika Ecclesia de Eucharistia).

o Denke daran:

Die Eucharistie ist das Geheimnis Seiner Barmherzigkeit. Was hätte Jesus noch mehr für uns tun können? In der Eucharistie zeigt Er uns, dass Seine Liebe kein Maß kennt.

„Jesus, verborgen in der Gestalt des Brotes, Dir gilt meine Sehnsucht! Ich glaube an Dich, ich hoffe auf Dich, ich bete Dich mit tiefster Ehrfurcht an! Ich liebe Dich aus ganzem Herzen!"

*„Wenn wir von Christus her denken... dann sehen wir, wo und wie wir gebraucht werden... Wenn wir so leben und handeln, merken wir alsbald, dass es viel schöner ist, gebraucht zu werden und für die anderen da zu sein, als nur nach den Bequemlichkeiten zu fragen, die uns angeboten werden."*

(Papst Benedikt XVI.)

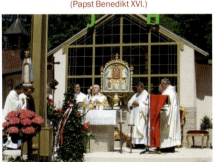

## 25. Die Menschheit Christi verehren

„*Wie schwer fällt es euch, alles zu glauben, was die Propheten gesagt haben*" (Lk 24,25), erklärte Jesus den Jüngern auf dem Weg nach Emmaus.

Ein messianischer Jude, dessen Zeugnis ich vor Jahren in Israel hörte, beeindruckte mich, als er seine Erfahrung durch diese Worte Jesu bestätigt fand:

*„Seit ich an Jesus Christus als den Messias glaube, entdecke ich Ihn überall in den Schriften. Wie viel steht doch über Ihn im Alten Testament! Aber dort finde ich Ihn nur wie auf einem Schwarz-Weiß-Foto. Im Neuen Testament hingegen begegnet mir Seine Gestalt in leuchtenden Farben."*

Viele Szenen aus der Heilsgeschichte sind besonders geeignet, die Liebesbeziehung mit dem Herrn im Tabernakel zu vertiefen. Die heilige Teresa von Avila, die Lehrerin des Gebetes, hielt immer an einer konkreten, anschaulichen Verehrung der Menschheit Jesu Christi fest. Eindringlich sagte sie:

> **„Das Zentrum des Gebetes muss immer die Menschheit Christi sein und bleiben, denn durch das Leben und das Leiden Christi kam und kommt uns alles Gute zu."**

- Teresa nannte auch den Grund, warum wir uns Szenen aus dem Evangelium vorstellen sollen, denn wenn wir *„nie auf Ihn schauen, nie betrachten, was wir Ihm schuldig sind und welch einen Tod Er für uns gelitten, dann* *weiß ich nicht, wie wir Ihn kennen lernen und in Seinem Dienste wirken können."*

- „Das Gespräch am Jakobsbrunnen" war z.B. von frühester Kindheit an für Teresa eine sehr beliebte Evangeliumsstelle. Scheue dich auch du nicht, vor dem Tabernakel in eine vertrauliche Unterredung mit dem Herrn einzutreten! Bitte auch du Ihn um das *„lebendige Wasser"*!

- Mit Vorliebe betrachtete Teresa auch Jesus im Ölgarten und wünschte sich, Seinen Schweiß abzutrocknen.

Viele kontemplative Menschen finden sich in besonderer Weise in Maria von Betanien wieder. Sie salbte ihren viel geliebten Herrn mit dem kostbarsten Öl, was Judas als nutzlose Verschwendung ansah.

Der Herr jedoch verteidigte sie. Diese Szene in Betanien ist auch ein biblisches Vorausbild für die Größe und Erhabenheit der Eucharistie. Keine Zeit, kein Gold und nicht die wertvollsten Edelsteine sind zu schade, um Jesus im Sakrament des Altares zu ehren!

- Schließlich läßt uns Papst Johannes Paul II. in seiner wunderbaren Enzyklika „Ecclesia de Eucharistia" Einblick nehmen in seine ganz persönliche Spiritualität, wenn er schreibt:

„*Es ist schön bei Ihm zu verweilen
und wie der Lieblingsjünger,
der sich an Seine Brust lehnte,
von der Liebe Seines Herzens
berührt zu werden...*"

(Papst Johannes Paul II.)

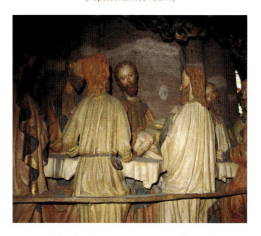

„*Wie könnte man nicht ein
erneuertes Verlangen spüren,
lange im geistlichen Zwiegespräch,
in stiller Anbetung, in einer Haltung der
Liebe bei Christus zu verweilen,
der im Allerheiligsten gegenwärtig ist?*

*Wie oft, meine lieben Brüder und
Schwestern, habe ich diese Erfahrung
gemacht und daraus Kraft, Trost und
Stärkung geschöpft!*"

(Papst Johannes Paul II.)

# Eucharistischer Hymnus (Hl. Thomas von Aquin)

1. Gottheit tief verborgen, betend nah' ich Dir.
   Unter diesen Zeichen bist Du wahrhaft hier.
   Sieh, mit ganzem Herzen schenk' ich Dir mich hin,
   weil vor solchem Wunder ich nur Armut bin.
2. Augen, Mund und Hände täuschen sich in Dir,
   doch des Wortes Botschaft offenbart Dich mir.
   Was Gott Sohn gesprochen, nehm' ich glaubend an.
   Er ist selbst die Wahrheit, die nicht trügen kann.
3. Einst am Kreuz verhüllte sich der Gottheit Glanz,
   hier ist auch verborgen Deine Menschheit ganz.
   Beide sieht mein Glaube in dem Brote hier;
   wie der Schächer ruf' ich, Herr, um Gnad zu Dir.
4. Kann ich nicht wie Thomas schau'n die Wunden rot,
   bet' ich dennoch gläubig: „Du mein Herr und Gott!"
   Tief und tiefer werde dieser Glaube mein,
   fester lass die Hoffnung, treu die Liebe sein.
5. Denkmal, das uns mahnet an des Herren Tod!
   Du gibst uns das Leben, o lebendig Brot.
   Werde gnädig Nahrung meinem Geiste Du,
   dass er Deine Wonnen kostet immerzu.
6. Gleich dem Pelikane starbst Du, Jesus mein;
   wasch' in Deinem Blute mich von Sünden rein.
   Schon ein kleiner Tropfen sühnet alle Schuld,
   bringt der ganzen Erde Gottes Heil und Huld.
7. Jesus, den verborgen jetzt mein Auge sieht,
   stille mein Verlangen, das mich heiß durchglüht:
   lass die Schleier fallen, einst in Deinem Licht,
   dass ich selig schaue, Herr, Dein Angesicht.

# Litanei vom Allerheiligsten Sakrament

V: Herr, erbarme Dich.
A: Herr, erbarme Dich.
V: Christus, erbarme Dich.
A: Christus, erbarme Dich.
V: Herr, erbarme Dich.
A: Herr, erbarme Dich.
V: Christus, höre uns.
A: Christus, erhöre uns.
V: Gott Vater im Himmel,
A: erbarme Dich unser.
V: Gott Sohn, Erlöser der Welt,
A: erbarme Dich unser.
V: Gott Heiliger Geist,
A: erbarme Dich unser.

V: Christus, Du Brot des Lebens, A: erbarme Dich unser.
V: Du Gott und Mensch, ...
   Du Verborgener, ...
   Du in unserer Mitte, ...
   Du Osterlamm, ...
   Du Opfer für die Welt, ...
   Du Quelle der Gnade, ...
   Du unsere Nahrung, ...
   Du unsere Freude, ...
   Du Heil der Kranken, ...
   Du Trost der Trauernden, ...
   Du Kraft der Sterbenden, ...
   Du unsere Hoffnung, ...
   Du Brot vom Himmel, ...

V: Durch Deinen Leib, der für uns geopfert ist,
A: Herr, befreie uns.
V: Durch Dein Blut, das für uns vergossen ist, ...
Durch dieses Zeichen Deiner Liebe, ...
Durch dieses Zeichen Deiner Treue, ...
Durch Deine Auferstehung und Himmelfahrt, ...
Durch Deine Gegenwart, ...
Bei Deiner Wiederkunft, ...

V: Wir armen Sünder,
A: wir bitten Dich, erhöre uns.
V: Dass wir stark werden im Glauben, ...
Dass wir Deinen Tod verkünden, ...
Dass wir Deine Auferstehung preisen, ...
Dass wir nach Deinem Mahl verlangen, ...
Dass wir an Deinem Tisch vereint sind, ...
Dass keiner von uns Dich verraten wird, ...
Dass wir Deinen Weg erkennen, ...
Dass wir den Weg gehen in der Kraft Deiner Speise, ...
Führe uns zum Hochzeitsmahl des ewigen Lebens, ...

V: Lamm Gottes,
Du nimmst hinweg die Sünden der Welt.
A: Herr, verschone uns.
V: Lamm Gottes,
Du nimmst hinweg die Sünden der Welt.
A: Herr, erhöre uns.
V: Lamm Gottes,
Du nimmst hinweg die Sünden der Welt.
A: Herr, erbarme Dich.

## Schlusswort

Vielleicht ist der eine oder andere Impuls eine Hilfe für dich, um deine persönliche eucharistische Anbetung zu bereichern oder mehr zu beleben.

*Am wichtigsten ist es,
dich dem Heiligen Geist zu öffnen
und dich von Ihm führen zu lassen.*

Du sollst aber auf jeden Fall wissen, dass du nicht alleine oder nur in einer kleinen Gruppe Anbetung hältst. Es sind Legionen in aller Welt, die mit dir den Herrn in Seiner demütigsten Gestalt loben und anbeten. Mögen sich diese Legionen noch vervielfachen!

# Empfehlenswerte Bücher

## Weihwasser und andere christliche Heilmittel

Ingeborg & Horst Obereder, ISBN 3-85406-172 2. Dieses Buch will den Glauben an Gott und Seine Barmherzigkeit stärken und die Gläubigen ermutigen, die göttliche Kraft, die im Weihwasser und in den anderen christlichen Heilmitteln liegt, wieder mehr und voll Vertrauen zu nutzen.

## Theresia von Lisieux - Rose in der Wüste

Ingeborg Obereder, ISBN 3-87449-269-9. Heilige sind immer Antwort Gottes auf die Nöte der Zeit. Hinein in die Glaubenswüste des 21. Jahrhunderts setzt er ein Zeichen, eine Rose der Hoffnung. Die Autorin zeigt anhand des Lebens dieser großen Heiligen die Stufen des geistlichen Wachstums auf, die alle begnadeten Menschen zum Heil für sich und die anderen gegangen sind.

## Therese, eine Freundin für immer

Ingeborg Obereder, ISBN 3-932426-35-5. Dieses Kinderbuch erzählt die Geschichte der hl. Therese von Lisieux in einer spannenden Rahmenerzählung. Das Buch eignet sich als Geschenk zur Erstkommunion, Firmung und für viele andere Anlässe.

## Diagnose Krebs

Horst Obereder, ISBN 3-87449-263-x. Was ist eigentlich los in der Kirche? Warum läuft so vieles schief? Was ist der tiefe Grund der Spannungen zwischen „Liberalen" und „Konservativen"? Wer dieses Buch liest, dem gehen die Augen auf. Er wird viele Entwicklungen in der Kirche von ihrem geistigen Hintergrund her verstehen und mehr für die Kirche beten.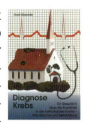

## Das unglaubliche Glaubensbuch

Ingeborg & Horst Obereder, ISBN 978 3 85406 182 3. „Das Buch lädt Christen mit und ohne Familie ein, sich zusammenzusetzen und gemeinsam eine Kreuzfahrt durch die Meere des katholischen Glaubens zu unternehmen" (Don Reto Nay).

Bischöfe, Priester und Laien sind von diesem Buch begeistert. Das Kephas-Fernsehen hat auf der Grundlage dieses Buches 65 Fernsehsendungen unter dem Titel „Emmaus-Gespräche" produziert. Das Buch ist ein spannender und informativer Katechismus, eine Lebenshilfe... Es sollte in keinem christlichen Hause fehlen.

*„Die Unwissenheit ist der schlimmste Feind des Glaubens."*

(Papst Johannes Paul II.)

Alle Bücher erhältlich beim Mediatrix Verlag